RÉUNION DÉMOCRATIQUE DES REPRÉSENTANTS DU PALAIS-NATIONAL.

Aux Électeurs.

LES BLEUS

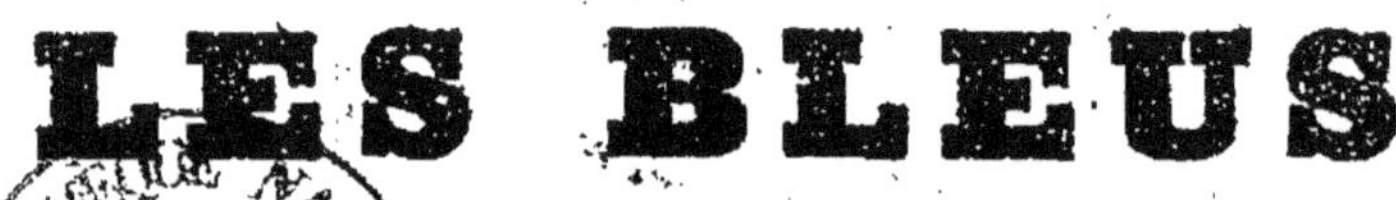

L'ancien Régime. — La Révolution de 1789.

L'Empire. — La Restauration.

La Révolution de Juillet. — La Révolution de Février.

Ce que veulent les Bleus. — Ce que veulent les Blancs.

PARIS.

IMPRIMERIE GUIRAUDET ET JOUAUST,
Rue Saint-Honoré, 315.

1849.

LES BLEUS.

L'ancien Régime.

Il y a soixante ans, la France était divisée en plusieurs classes :

Il y avait la *noblesse* qui jouissait de toutes sortes de priviléges. Elle possédait la plus grande partie des terres et les plus belles, et ne payait aucun impôt.

Il y avait le *haut* et le *bas* clergé :

Le *haut* clergé, possesseur de tous les bénéfices ;

Le *bas* clergé, aussi pauvre et misérable que le peuple.

Il y avait enfin la bourgoisie et le peuple, taillables et corvéables à merci, comme on disait alors.

Tous les impôts pesaient sur eux.

Ils payaient à l'état.

Ils payaient à chaque seigneur toutes sortes de redevances.

1849

Ils payaient en *nature*.

Ils payaient en *argent*.

Ils payaient avec leur *personne*.

Cela a duré ainsi pendant quinze siècles.

La Révolution de 1789.

En 1789, nos pères, la bourgeoisie et le peuple, s'unirent pour abolir les priviléges. La *noblesse* eut recours à la guerre civile et à la guerre étrangère pour sauver ses priviléges.

Elle fit la guerre dans la Vendée; elle organisa la chouannerie dans nos départements; elle émigra de l'autre côté du Rhin, et alla combattre contre la France dans les rangs des Prussiens et des Autrichiens.

Mais la bourgeoisie et le peuple étouffèrent la guerre civile; ils battirent les *Chouans*, les émigrés et leurs alliés les *Russes*, les Prussiens et les Autrichiens.

La France devint le pays de la *liberté* et de l'*égalité*.

L'Empire.

Les longues guerres qu'il fallut soutenir amenèrent l'Empire, époque mémorable. Malheureusement l'empereur *Napoléon* songea plus à sa gloire personnelle qu'au bonheur du peuple. Le peuple l'abandonna.

La Restauration.

Vint la Restauration. Les Bourbons de la branche aînée furent rétablis sur le trône de leurs aïeux ; ils firent au pays les plus belles promesses : ils devaient abolir les impôts injustes, ils devaient respecter nos droits et nos libertés.

Ils ne tinrent aucune de leurs promesses. Ils n'abolirent aucun impôt injuste. Ils restreignirent toutes nos libertés.

Il fallait payer 300 fr. pour être électeur et 1,000 fr. pour être éligible. Les courtisans voulurent rétablir les anciennes choses, telles que le droit d'aînesse, etc. ; on donna un milliard (dix fois cent millions) aux émigrés qui avaient pris les armes contre leur pays. *Charles X* fit plus encore : malgré ses serments, il déchira la Charte de nos droits avec les ordonnances de juillet 1830.

Révolution de Juillet (1830).

Le peuple s'indigna, se souleva et chassa tous les Bourbons de la branche aînée. Il mit à leur placé *Louis-Philippe*, chef de la branche cadette dés Bourbons.

Louis-Philippe fit, à son tour, de beaux serments. Il jura que la Charte de 1838 serait désormais une vérité. Il promit un gouvernement à-bon marché. Il promit aussi l'abolition des impôts injustes.

Le gouvernement de *Louis-Philippe* a manqué à toutes ses promesses.

Il a violé la Charte à plusieurs reprises. Il a été sans dignité devant l'étranger.

Il a maintenu, comme les Bourbons de la branche aînée, tous les impôts injustes.

Révolution du 24 Février (1848).

Le 24 février 1848, le peuple s'est encore soulevé. Il a chassé *Louis-Philippe* comme *Charles X*.

L'empire, la restauration, le gouvernement de juillet, ont succombé parce qu'ils n'aimaient pas le peuple, parce qu'ils n'avaient pas d'entrailles pour le peuple.

Le 24 février 1848 la République a été proclamée. Tout le monde reconnut alors qu'il n'y avait pas d'autre gouvernement possible.

Alors la France et le monde entier furent témoins du plus admirable spectacle.

Ils virent s'établir en France ce gouvernement de la République tant redouté ; ils le virent s'établir sans commettre la moindre violence, respectant et faisant respecter partout les personnes, les consciences et les propriétés.

Ils virent ce gouvernement donner les mêmes droits politiques à tous les citoyens.

Ils virent tous ces citoyens des villes et des campagnes aller à l'urne électorale avec calme, avec dignité, comme des hommes libres et qui ont pratiqué depuis long-temps la liberté.

Ils ont vu tous ces citoyens élire une assemblée qui a su défendre avec une égale énergie l'*ordre* et la *liberté* ; qui, malgré toutes les dettes de la monarchie, a su, dans une année, faire la Constitution, diminuer les dépenses par centaines de millions, et réduire les impôts les plus injustes.

Jamais aucun peuple n'a prouvé au monde, d'une manière plus éclatante, qu'il était digne de se gouverner lui-même, c'est-à-dire du gouvernement de la République, qui est le gouvernement de *tous* pour *tous* et par *tous*.

Désormais, plus de conquêtes à faire sur le terrain du droit et de la liberté. Nous avons tous les droits et toutes les libertés du citoyen. Il ne nous reste qu'à en jouir comme des hommes libres, sans impatience, avec la certitude qu'ils procureront à chacun une part suffisante de bien-être.

Ces droits sont inscrits à côté des devoirs de chaque citoyen dans cet admirable Préambule de la Constitution, la plus libérale de toutes les Constitutions existantes.

Voici ce Préambule, symbole de foi politique que chaque citoyen devrait savoir par cœur :

CONSTITUTION

DE LA RÉPUBLIQUE FRANÇAISE

Décrétée par l'Assemblée nationale le 4 novembre 1848.

PRÉAMBULE.

En présence de Dieu et au nom du peuple français, l'Assemblée nationale proclame :

I. La France est constituée en République. En adoptant cette forme définitive de gouvernement, elle s'est proposé de marcher plus librement dans la voie du progrès et de la civilisation, d'assurer une répartition de plus en plus équitable des charges et des avantages de la société, d'augmenter l'aisance de chacun par la réduction graduée des dépenses publiques et des impôts, et de faire parvenir tous les citoyens, sans nouvelle commotion, par l'action successive et constante des institutions et des lois, à un degré toujours plus élevé de moralité, de lumières et de bien-être.

Voilà un noble but, une sainte mission !

II. La République française est démocratique, une et indivisible.

III. Elle reconnaît des droits et des devoirs antérieurs et supérieurs aux lois positives.

IV. Elle a pour principe la Liberté, l'Égalité et la Fraternité.

Elle a pour base la famille, le travail, la propriété, l'ordre public.

V. Elle respecte les nationalités étrangères, comme elle entend faire respecter la sienne, n'entreprend aucune guerre dans des vues de conquête, et n'emploie jamais ses forces contre la liberté d'aucun peuple.

VI. Des devoirs réciproques obligent les citoyens envers la République, et la République envers les citoyens.

VII. *Les citoyens doivent* aimer la patrie, servir la République, la défendre au prix de leur vie, *participer aux charges de l'État en proportion de leur fortune*; ils doivent s'assurer, par le travail, des moyens d'existence, et, par la prévoyance, des ressources pour l'avenir ; ils doivent concourir au bien-être commun en s'entr'aidant fraternellement les uns les autres, et à l'ordre général en observant les lois morales et les lois écrites qui régissent la société, la famille et l'individu.

VIII. La République doit protéger le citoyen dans sa personne, sa famille, sa religion, sa propriété, son travail, et mettre à la portée de chacun l'instruction indispensable à tous les hommes; elle doit, par une assistance fraternelle, assurer l'existence des citoyens nécessiteux, soit en leur procurant du travail dans les limites de ses ressources, soit en donnant, à défaut de la famille, des secours à ceux qui sont hors d'état de travailler.

En vue de l'accomplissement de tous ces devoirs, et pour la garantie de tous ces droits, l'Assemblée nationale, fidèle aux traditions des grandes assemblées qui ont inauguré la révolution française, décrète ainsi qu'il suit la Constitution de la République.

Que ce préambule ouvre dignement le temple de la Constitution, qu'on peut appeler à bon droit la magnifique! Voyez ce que sa magnificence donne et assure au peuple :

Art. 1er. La SOUVERAINETÉ dans l'universalité des citoyens français.

Elle est inaliénable et imprescriptible.

Art. 2. Nul ne peut être arrêté ou détenu que suivant les prescriptions de la loi.

La demeure de toute personne habitant le territoire français est inviolable.

Art. 5. La peine de mort est abolie en matière politique.

Art. 7. Chacun professe librement sa religion et reçoit de l'état pour l'exercice de son culte une égale protection.

Art. 8. Tous les citoyens ont le droit de s'associer, de s'assembler paisiblement sans armes, de pétitionner, de manifester leurs pensées par la voie de la presse et autrement.

Art. 9. L'enseignement est libre.

Art. 10. Tous les citoyens sont également admissibles à tous les emplois publics, sans autres motifs de préférence que leur mérite, et suivant les conditions qui seront fixées par la loi.

Sont abolis à toujours tout titre nobiliaire, toute distinction de naissance, de classe et de caste.

Art. 11. Toutes les propriétés sont inviolables.

Art. 13. La Constitution garantit aux citoyens la liberté du travail et de l'industrie.

La société favorise et encourage le développement du travail par l'enseignement primaire gratuit, l'éducation professionnelle, l'égalité de rapports entre le patron et l'ouvrier, les institutions de prévoyance et de crédit, les institutions agricoles, les associations volontaires, et l'établissement par l'état, les départements et les communes, de travaux publics propres à employer les bras inoccupés; elle fournit l'assistance aux enfants abandonnés, aux infirmes et aux vieillards sans ressources, et que leurs familles ne peuvent secourir.

Art. 14. La dette publique est garantie.

. . . .

Art 15. Tout impôt est établi pour l'utilité commune.

Chacun y contribue en proportion de ses facultés et de sa fortune.

Art. 16. Aucun impôt ne peut être établi ni perçu qu'en vertu de la loi.

. . . .

. . . .

Art. 24. Le suffrage est direct et universel. Le scrutin est secret.

Art. 25. Sont électeurs, *sans condition de cens*, tous les Français âgés de 21 ans, et jouissant de leurs droits civils et politiques.

Art. 26. Sont éligibles, sans condition de domicile, tous les *électeurs* âgés de 25 ans.

Voilà les droits et les devoirs du citoyen français. Ils sont renfermés d'une manière complète dans ces articles, expression de la haute civilisation française, qui a pris pour devise ces trois mots : Liberté, Egalité, Fraternité.

LA LIBERTÉ !

Liberté ! c'est-à-dire être soumis à la loi, et jamais à la volonté d'un homme ;

— Avoir un domicile inviolable ;

— Professer librement sa religion ;

— Avoir le droit d'acquérir et de transmettre sa propriété;

— Avoir le droit de s'associer, d'enseigner, et de manifester ses pensées par la voie de la presse ou autrement.

— *Liberté* entière de faire le bien, d'être utile à ses concitoyens, mais non la liberté de peser sur les consciences, d'être oppresseur ou immoral.

La vraie liberté, c'est l'ordre, qui repousse l'anarchie.

L'ÉGALITÉ.

— L'égalité devant la loi c'est le premier principe de la justice.

— C'est l'éducation primaire, ce pain de l'intelligence, gratuitement accordée à tous ; l'éducation religieuse et morale, propre à former des citoyens libres et honnêtes.

— C'est une répartition équitable de l'impôt, épargnant le pauvre sans être ruineuse pour le riche, selon le vœu de la Constitution, qui porte que *chacun doit contribuer aux charges publiques en proportion de ses facultés et de sa fortune.*

Egalité ! c'est-à-dire point d'impôt sur les objets de première nécessité, selon l'usage des monarchies.

— Prix des substances alimentaires de première nécessité abaissé et mieux équilibré avec les salaires, afin que l'ouvrier ait un peu de superflu, tout en ménageant des économies pour ses vieux jours.

— Justice prompte et gratuite pour le pauvre.

Voilà l'égalité selon la République bien ordonnée, qui n'est point, on le voit, cette égalité *absolue*, chimérique, impraticable, rêve de quelques cerveaux creux, égalité qui abaisse sans élever, et qui ne serait que l'égalité de la misère et le retour vers la barbarie.

Restons donc dans la vérité, et sachons reconnaître que les lois de la nature, que l'intelligence, que le cœur humain, déclarent impossible cette égalité absolue, puisqu'il y aura toujours dans le monde des forts et des faibles, des prodigues et des avares, des idiots et des hommes de génie, des célibataires et des pères de famille chargés d'enfants : inégalités de positions que rien ne peut empêcher. Mais, de même que Dieu donne un rayon de soleil au plus humble brin d’herbe comme au chêne le plus robuste, de même la société républicaine doit son appui aux déshérités de la fortune.

— L’*égalité* politique, supérieure à toute autre, part égale de souveraineté pour chaque citoyen; en d’autres termes :

— Droit de nommer les Représentants à l’Assemblée nationale, qui fait la loi.

— Droit de nommer les conseillers généraux, qui règlent les affaires du département.

— Droit de nommer les conseillers municipaux, qui règlent les affaires de la commune.

Le droit de suffrage est le premier et le plus beau de tous les droits; il constitue la véritable égalité.

Les hommes du privilége, les *Blancs*, qui abhorrent ce droit de souveraineté du peuple, disent à l’ouvrier, au cultivateur, au pauvre, à l’homme qui souffre par suite de la misère actuelle, mais passagère, ils disent à ces hommes simples, honnêtes : « A quoi vous sert ce droit de suffrage? » Vous met-il de l’argent dans la poche? Vous » donne-t-il du pain pour vous et votre famil- » le?...»

D’abord, mes bons amis, répondez à ces hommes du privilége : «Vos rois *légitimes* et *absolus* ne donnaient ni argent ni pain à nos pères, et ils ne leur donnèrent ni droits ni libertés.

» Ils tiraient de nos poches tout ce qu'ils pouvaient y trouver d'argent pour payer leur luxe et leurs maîtresses; et vous, hommes du privilége, vous preniez le reste, quand reste y avait; de plus, souvent vous nous donniez des coups. »

Répondez leur ensuite que le droit de suffrage vaut pour vous, hommes du peuple, plus que de l'argent, plus que de l'or.

Si chacun de vous pouvait avoir une part égale d'argent dans sa bourse, il n'en aurait que très peu ; cet argent serait promptement dissipé; il ne vous rendrait pas l'égal des hommes du privilége, il ne vous donnerait pas la dignité du citoyen, il ne l'assurerait pas à vos enfants.

Le droit de nommer vos Représentants, *seul*, vous rend l'égal de tout citoyen, quelque riche qu'il soit, quelque titre qu'il se donne.

Ce droit, si vous savez le maintenir et le transmettre à vos enfants, les rendra les égaux, comme vous, des hommes du *privilége*.

Ce droit a une bien grande valeur, puisqu'il met dans votre dépendance, le jour des élections, ces hommes du *privilége*.

Ils ne vous appellent plus maintenant des *vilains*, des *manans*, des *Jacques-Bonhomme*, qui *paie tout*. Oh! non; qu'ils ont, au contraire, la voix douce, caressante, pour vous tromper et capter vos suffrages!..

Dans la commune, tout ce qui est autorité, ecclésiastique ou autre, a des égards pour vous, grâce à ce droit de vote qui fait que chacun de vous contribue réellement à faire la loi.

Jamais le peuple, en France, n'avait eu un aussi magnifique droit.

Les hommes du *privilége*, les *légitimistes*, les *Blancs*, voudraient bien vous ôter ce droit *avant que vous en connaissiez la valeur*. Ils détestent, ils ont toujours détesté le suffrage universel *direct*, parce qu'il rend l'ouvrier aux *mains noires*, le cultivateur *couvert de terre*, leur égal. Cela est bien intolérable, en effet, pour les hommes du *privilége*, on le conçoit.

Cependant, ces hommes du *privilége*, ces *Blancs*, osent bien vous demander vos voix, à vous, ouvriers, cultivateurs, habitants des villes et des campagnes; ils vous demandent vos voix pour être Représentants du peuple, eux qui veulent rétablir Henri V, c'est-à-dire détruire la Constitu-

tion, et, par conséquent, vous dépouiller de votre droit de souveraineté, du droit de voter.

Ils vous demandent des verges pour vous battre. C'est à vous à examiner si vous vous sentez d'humeur à les leur mettre, vous-mêmes, entre les mains, et à échanger votre beau titre de *citoyen*, d'*électeur*, d'*éligible*, avec celui de *vilain*, de *manant*, que nos malheureux pères ont si long-temps porté.

LA FRATERNITÉ !

Ce mot divin est écrit dans la Constitution. Si vous savez la maintenir, ce mot de salut sera bientôt mis partout en pratique dans notre belle France.

La fraternité, acte de dévouement de chacun pour tous, établira une réciprocité de sentiments de bienveillance entre tous les membres de la grande famille.

Elle assurera aide et protection au faible contre les empiétements ou les violences du puissant.

Elle veut que des secours soient donnés à ceux qui souffrent.

Elle veut qu'une éducation morale et religieuse prévienne les crimes et les délits pour n'avoir pas à les punir.

Elle organise les Crèches et les Salles d'asile pour les enfants du Peuple.

Elle veut qu'on affranchisse les femmes et les enfants des travaux trop rudes qui, détruisant leur santé, en font les martyrs de la civilisation.

Prenant le sort de la femme en sérieuse considération, elle ne permettra plus aux aristocrates de porter la démoralisation parmi les filles du peuple.

La *Fraternité* dit que, si tous les hommes ne peuvent avoir sur la terre la même somme de bonheur et de jouissances, nul, dans un état bien organisé, ne doit connaître les angoisses de la misère et de la faim.

Notre Fraternité, premier degré de la charité sainte, ne se contente point d'une aumône stérile; elle veut que le secours qu'elle donne soit ennoblit par le travail.

Aussi, désormais, pendant le chômage des travaux agricoles, les ouvriers à qui Dieu a donné la force et la santé trouveront dans les ateliers de travaux publics bien organisés dans les communes ou cantons des départements, des ressources suffisantes pour vivre et nourrir leur famille. Ainsi le veut la Constitution.

Elle veut également que des institutions de prévoyance et d'assistance publique viennent au secours des infirmes, des vieillards pauvres des villes et des campagnes, incapables de travailler.

Plus de mendicité ; à chacnn le pain quotidien.

Mais, vous disent à l'oreille les *Blancs*, ennemis de la Constitution, ce sont des paroles : la République, à son origine, vous a pris 45 centimes...

Pourquoi n'ajoutez-vous pas, MM. les *Blancs*, que ce fut pour payer les dettes de la monarchie et pour éviter la banqueroute ? — Pourquoi ne dites-vous pas que la Restauration nous imposa, elle, 100 centimes ?.....

Non, vous gardez le silence là-dessus, trouvant mieux votre compte à répéter au peuple : « La République n'a rien fait encore pour vous ; vous souffrez toujours.... »

— Oui, sans doute, vous souffrez ; mais vous savez aussi, vous qui avez tant souffert jusqu'à ce jour, qu'on ne doit pas demander des fruits à l'arbre qu'on vient de planter ; qu'avant de récolter, il faut non seulement semer, mais qu'il faut encore attendre que la moisson soit mûre.

Eh bien ! la Constitution et les principes qu'elle contient sont des *semences* qui porteront des *fruits*, et dont vous jouirez, vous et vos enfants, si vous leur donnez le temps de pousser, de croître et de mûrir.

Déjà la République, malgré toutes les résistances des hommes du privilége, qui tiennent aux impôts injustes, parce que, portant sur le plus grand nombre, ils produisent davantage ; malgré toutes les charges que nous a léguées la monarchie, la République a réduit des deux tiers cet odieux impôt sur le sel, établi il y a 500 ans par un de nos rois les plus méchants.

La taxe sur les lettres est mise à la portée du pauvre comme du riche.

Tous les gros traitements ont été réduits de près de moitié.

Enfin les dépenses publiques ont été diminuées d'environ 200 millions.

Voilà les premiers fruits de la République !

Persévérons donc, et n'oublions pas, mes amis, que l'Évangile a dit : « *Celui qui persévérera sera sauvé.* »

Nos pères, en 1789, ont été les rudes pionniers de la liberté. Après en avoir défriché le champ, ils l'ont arrosé de leur sang ; ils ont eu le don de la persévérance.

Aussi ont-ils triomphé de tous les hommes du *privilége* et affranchi leur pays.

Nous partons aujourd'hui du point où ils étaient arrivés. Continuateurs de leur œuvre, persévérons à notre tour.

En allant voter le 13 mai, souvenez-vous que, si vous êtes maintenant *maîtres* et *souverains* dans votre commune, comme dans la France entière, vous le devez au *suffrage universel-direct*.

Souvenez-vous que ce *suffrage* est un don de la République.

Souvenez-vous que les rois vous l'ont ôté, et que les hommes du *privilége*, les *Blancs*, veulent encore vous en dépouiller.

Souvenez-vous que c'est la République de 1848 qui vous l'a rendu.

Souvenez-vous que, si vous avez à cœur de le garder, il faut garder la République.

Souvenez-vous que pour garder la République il faut voter pour des candidats républicains, dévoués à la Constitution; il faut, *de préférence*, voter pour les *représentants* qui l'ont faite et qui veulent que de bonnes lois organiques en tirent les sages et justes conséquences.

Souvenez-vous que les hommes du *privilége*, les *légitimistes*, les *Blancs*, détestent la République, la Constitution et tous les droits qu'elle garantit.

Souvenez-vous donc qu'il faut repousser les hommes du *privilége*, les *légitimistes*, les *blancs*, éternels ennemis des libertés du peuple.

Souvenez-vous enfin de cette parole de l'empereur *Napoléon*, trahi à Waterloo :

« Les *Blancs* sont toujours *Blancs* — et les Bleus toujours Bleus. »

Ce que veulent les *BLANCS*.

Ce que veulent les *BLEUS*.

L'empereur *Napoléon* a dit vrai.

La guerre est encore aujourd'hui, comme autrefois, entre les *Bleus* et les *Blancs*, la guerre à coups de scrutin, la guerre dans les élections.

Les *Bleus* disent que le peuple est souverain, seul souverain, et qu'il n'y a en France que des *citoyens*.

Les *Blancs* disent, au contraire, que Henri V, leur roi, est le seul souverain, et qu'il n'y a en France que des *sujets*.

Les *Bleus* disent que tous les hommes sont égaux, qu'ils ont les mêmes *droits* comme les mêmes *devoirs*.

Ils ont aboli tous les titres et toutes distinctions nobiliaires.

Les *Blancs* nient l'égalité; ils ont voulu de tout

temps et ils veulent encore des priviléges et des distinctions nobiliaires.

Les *Bleus* veulent que le peuple, dans sa commune comme dans la France entière, fasse ses propres affaires par les représentants qu'il nomme au conseil municipal, au conseil général et à l'assemblée législative.

C'est pour cela que les *Bleus* ont donné au peuple le suffrage universel.

Les *Blancs*, qui veulent un roi, bon gré malgré le peuple, nient la souveraineté du peuple et le suffrage universel, seule et même chose.

Les *Bleus* maintiennent, au nom de la liberté et de la dignité de l'homme et du citoyen, que chacun doit trouver le pain de chaque jour, soit par son travail, soit par l'assistance publique.

Les *Blancs*, qui veulent des distinctions et des sujets, n'admettent pas que la société doive assurer l'existence par le travail ou par l'assistance fraternelle.

Les *Bleus* veulent la famille, car ils en ont une;

ils veulent la propriété, mais ils la veulent plus accessible à tous et moins grevée.

Ils veulent la religion, son indépendance, sa dignité. C'est pour cela qu'ils réclament si vivement en faveur de l'*inamovibilité* des desservants.

Les *Bleus* veulent la religion; mais ils la veulent comme Jésus-Christ l'a voulue, étrangère aux débats de ce monde, aux affaires politiques, n'intriguant point, ne cabalant point sur la place publique.

Ils aiment et vénèrent le bon et digne prêtre qui reste dans le temple et à l'autel, l'homme de tous, qui prie pour tous, donne des consolations à tous, et ne cherche point à faire de la religion un instrument de menace et d'oppression.

Les *Blancs* veulent, eux, au contraire, que la religion et le clergé soient un instrument de parti, au service de leur cause et de leurs idées rétrogrades.

Les *Bleus*, pour détruire l'usure, une des plus grandes *plaies* du petit commerce et de l'agriculture, veulent la réforme du système hypothécaire et l'organisation prompte du *crédit foncier* et des banques agricoles, seuls moyens de mettre les capitaux à la portée des propriétaires grands et petits, et des cultivateurs honnêtes.

Les *Blancs* sont pour les gros capitaux qui vivent de l'*usure*. Ils ont voté à l'Assemblée nationale contre toutes les propositions tendant à organiser le *crédit foncier* et les *banques agricoles*.

Avides de porter la lumière partout, les *Bleus*, qui tiennent que le premier devoir de la République est de former le cœur et de développer l'intelligence des citoyens, s'attachent à relever sans cesse et à améliorer la condition des instituteurs primaires.

Ainsi veulent-ils assurer le sort de tous les fonctionnaires publics contre les caprices et les injustices du pouvoir par une loi relative à l'admission et à l'avancement dans toutes les carrières publiques.

Les *Bleus* veulent diminuer les impôts et réduire toutes dépenses publiques; ils veulent surtout que toutes les charges soient plus équitablement réparties entre les citoyens.

Les *Blancs* aiment les gros budjets, les gros traitements et les impôts les plus injustes, parce qu'ils sont les plus productifs.

Ils reprochent aux *Bleus* la réduction de l'impôt sur le sel comme une mauvaise action.

Or donc, citoyens, si vous voulez ce que veulent les *Bleus*, si vous voulez la République qui vous donnera toutes ces choses, votez pour les *Bleus*, vos amis et défenseurs ; et repoussez avec énergie les *Blancs*, ces ennemis a toujours des droits et des libertés du peuple.

Votez pour la Constitution, GARANTIE de vos droits et de vos libertés.

Votez pour la Constitution et la République, promesse et gage à la fois de bonheur pour tous, si votre patriotisme sait marcher d'un pas ferme dans le sentier du *devoir* et de la *vertu*, devise du vrai républicain.

Oui, la vertu nous dit à tous, républicains mes amis, qu'il faut que nous soyons meilleurs que nos prédécesseurs, si nous voulons que la République soit justifiée.

Faisons vivre la République en suivant un chemin opposé à celui de la monarchie.

La monarchie de 1814, la restauration, nous a coûté pour son établissement des milliards. Ainsi la France paya alors

Un emprunt forcé de	*Cent millions !*
A la liste civile du roi pour ses appointements.	*Trois cent sept millions !*
Somme à laquelle il faut ajouter les produits du domaine dit de *la couronne*, plus ceux du domaine extraordinaire, mangés par les deux rois Louis XVIII et Charles X.	*Cent soixante millions !*
Plus pour le mariage du duc de Berry, pour l'enterrement de Louis XVIII, pour le sacre de Charles X. .	*Douze millions !*

— Plus pour les émigrés... un milliard.

— Plus pour les dettes des Bourbons à l'étranger... trente millions.

Sans compter les pertes énormes du commerce, et de l'agriculture pendant les fatales années de 1814, 1815 et 1816.

La monarchie de juillet, elle aussi, n'a pu s'établir qu'à grands frais. Le commerce, l'industrie, l'agriculture, tout a cruellement souffert pendant les premières années de son établissement.

Et cependant ni l'une ni l'autre de ces deux monarchies n'ont pu vivre avec leurs gros et énormes budjets de 14 cents et de 16 cents millions, et avec tout leur cortége de lois restrictives de nos libertés. Elles sont tombées en nous léguant une *dette exigible* d'un milliard.

Ne recommençons pas, croyez-moi, mes amis, des expériences qui nous ont coûté aussi cher.

Tenons-nous-en au gouvernement établi, au gouvernement de la République.

Efforçons-nous de le faire vivre par le respect des droits et des libertés de tous et par un système mieux entendu de bonnes économies.

Cela sera ainsi, citoyens mes amis, si, le 13

mai , vous savez résolument faire choix de représentants honnêtes gens et dévoués à la République — des *Bleus*, les *seuls véritables conservateurs*, à l'encontre des *Blancs*, qui ne sont que des contre-révolutionnaires, puisqu'ils veulent Henri V, c'est-à-dire la guerre civile et la ruine de la France. Mais que leur importe, pourvu qu'ils recouvrent leurs titres, leurs priviléges et leur ancienne domination !

Liste de Candidats BLEUS

A L'ASSEMBLÉE LÉGISLATIVE.

(On vote avec ce Bulletin.)

Il suffit de le détacher de cette brochure en ajoutant
ou retranchant les noms qu'on voudra.

---

1 Glais-Bizoin, Représent. du Peuple.

2 Houvenagle,   id.

3 Marie,   id.

4 Michel,   id.

5 Morhéry,   id.

6 Le Dru,   id.

7 Loyer,   id.

8 Tassel (Hippolyte),   id.

9 Simon (Jules),   id.

10 Perret,   id.

11

12

13

Liste de Candidats BLEUS

A L'ASSEMBLÉE LÉGISLATIVE.

(On vote avec ce Bulletin.)

Il suffit de le détacher de cette brochure en ajoutant
ou retranchant les noms qu'on voudra.

---

1 Glais-Bizoin, Représent. du Peuple.
2 Houvenagle,   id.
3 Marie,   id.
4 Michel,   id.
5 Morhéry,   id.
6 Le Dru ,   id.
7 Loyer,   id.
8 Tassel (Hippolyte), id.
9 Simon (Jules),   id.
10 Perret,   id.
11
12
13